Kuopio

runoja

Jaakko Korpisaari & Jarmo Saarti

KorpiSaarti
2016

Taitto: JS
Kuvat: JK & JS
Julkaisija: KorpiSaarti 2016

Kustantaja:
BoD, Books on Demand, Helsinki, Suomi
Valmistaja:
BoD, Books on Demand, Norderstedt, Saksa

ISBN 978-952-330-919-7

Kallan sillat 2014

lapset muistelevat pian tätä

niin kuin me
       vanhaa viitostietä

       JS

Kuopion kokoinen kuoppa
    keskellä kaupunkia
kuoppa meidän muistoissamme
joka peitetään
    ja joka unohdetaan
niin kuin tämä kaupunki haluaa unohtaa

JS

se sanoi
          että tori
on kuin neukkujen lentokenttä

ne saivat sitten pommitettua sen hajalle

          venäläiset pudottivat sentään
pomminsa lammen mutaan

          JS

LAPSUUS - IKUISUUS

oltiin poikien kanssa tenniskenttien takana
                seurattiin juoppoja
niiden oksennusta

pensaassa
                hiljaa

ja satama haisi tervalta

                JS

isot pojat
            tekivät lumilinnan
jäädyttivät sen suuaukon

kaaduin
            ja löin pääni

näin talven tähdet
keskellä päivää

JS

ensimmäinen lasku
Myhkyrin jyrkkä ranta

toinen lasku
Anttilan loiva rinne

kolmas lasku
Puijon pysty jää

kaikki maksamatta

olen elämäni niille velkaa

JS

mummo möi torilla munkkeja
minun ei tarvinnut ostaa niitä
            ja talvella kukkia
siinä kaupassa jossa olin töissä joululomalla
tein kolmetoistavuotiaana kaksitoistatuntista
päivää
            kannoin kukkia niille
joilla oli varaa ostaa niitä

kukkakaupan omistaja vei mummolta rahat
ukin kuoltua se alkoi juoda viiniä
ei kestänyt ja kuoli sitten pois

minä näin sen sairaalassa halvauksen jälkeen
mummo oli niiden silmien takana
            muttei päässyt enää ulos
ei saanut sanaa suustaan

lapsuus loppui siihen
ja tämä kaupunki alkoi muuttua

                        JS

tässä puistossa
ei ole yhtään puuta
johon en olisi kiivennyt

ja tuo
jossa roikuimme jaloistamme
                pää alaspäin kiroillen
piispan talon vieressä

kares kielsi meitä kiroilemasta
                emme uskoneet
nauroimme pienelle miehelle
                joka kulki mustassa takissaan

JS

samalla kadulla asui saarnaajan perhe
kävin pojan luona kylässä
mentiin sen kanssa niiden takapihalle
katsottiin pirua
joka seisoi aidan takana

sen päivän jälkeen
en uskaltanut enää uskoa

JS

tammimarkkinoilla oli 70-luvulla
strip-tease teltta
puhuttiin poikien kanssa
miten kylmä
naisilla mahtoi olla
            alasti pakkasella
maalaismiesten katsellessa

yritettiin vilkuilla reunan alta sisään
nähdä vilaus suuresta maailmasta
            joka oli tullut kaupunkiin
nähtiin vain sahanpuruja

                    JS

puutalon kellarista tuli savua
minä huusin äitiä apuun
kannoin kauppakassia kotiin

pojat tulivat puistossa varastamaan rahoja
joilla piti elää koko loppuviikko

JS

poltettiin veljen kanssa tupakkaa
puskan takana vänärillä
varastettiin ne meidän vierasaskista

elorannan taloa vastapäätä oli ruokakauppa
josta kävin ostamassa
ensimmäisen oman askin minttutupakkaa

se kirvelsi suun kahdella maulla
ja me aloimme juosta aikuisia pakoon

JS

minä etsin viimeisiä pekkalipposia
ruljanssiriihestä
se oli silloin lyseon lähellä
muut ostivat munkkeja koulun vierestä
söivät niitä välitunnilla

JS

käytiin paska-palin hönnällä
kerättiin sen keräämät pullot

katsottiin
kuinka se asui
            makuuvaatteet haisivat
            ja pulloissa ryömivät torakat

            JS

kävin hakemassa viiden pennin nalleja
kioskista
joka oli kansakoulun vieressä
laitoin ne suuhun
ja otin luokassa ne käteen
ettei opettaja olisi nähnyt

naapuriluokka oli vammaisten
ne kaikki oli sullottu samaan tilaan

JS

mentiin koko perheen kanssa katsomaan
kun sahan varasto paloi

tuli loimotti taivaanrannassa
ja sen kuumuuden tunsi meille asti

JS

ne tuhoavat tässä kaupungissa
lapsuuttani
niin nopeasti

etten enää muista
kuka olen

JS

tässä join vettä pilkkireiästä
hiihdimme koulun kanssa keilankantaan
kirosin kun sain matilta mansikkamehua
se oli niin hyvää
ja pyysin
ettei se kertoisi opettajalle

nyt sillat ovat rikkoneet sen
mitä me muistelemme
ne joilla on varaa
omistavat rannat
jotka ennen olivat yhteisiä

kolmensadan neliön talot
paria ihmistä varten
lapset hävinneet
sivuhuoneisiin
jos niitä nyt edes on

JS

meidän kansakoulussa
siinä jonka nimeä
en ollut oppia kirjoittamaan
(nelmanissa on liikaa älliä)

oli luokka vammaisille

minä tutustuin poikaan
joka oli halvaannuttanut jalkansa
hänen kätensä olivat jo silloin niin vahvat
että pystyin vetämään niissä leukoja

mietin
miksei hän ollut samalla luokalla
meidän terveiden kanssa
puhuimme kuitenkin ihan samaa kieltä
suomi jakoi jo silloin ihmiset
eri karsinoihin

JS

NUORUUS - AIKUISUUS

Persian saahi - Kuopio 1970

Mökin vintillä pahvinen matkalaukku
muutoissa kertyneitä vanhoja papereita
muistoja, joita ei ole raaskinut heittää pois

Löysin sieltä lappusen
lapsena kirjoittanut
                    mentiin saahia katsomaan
kauppakuitin kulmaan

Mentiin veljen kanssa teatterin aukiolle
oli paljon yleisöä, isoja ihmisiä
puikkelehdimme tungoksessa
oli vaikeaa nähdä
farah dipaa

Paljon myöhemmin
suuren moskeijan sivuhuoneessa Kairossa
hautamonumentti
leijonat ja Persian lippu

Persian saahi kävi Kuopiossa
meikä oli paikalla

                    JK

Laverda

Keskikoulussa
luokkakaverin isoveljellä oli uusi
moottoripyörä
sitä luokkakaveri kehuskeli

Isoveli tuli esittelemään välitunnilla
kaikki pojat katsomaan
olimme pyörän ympärillä piirissä
isoveli kertoili

Se oli italialainen Laverda
yksipyttyinen,
                tuhat kuutiota
iso pyörä, keltainen tankki

Isoveli käynnisti pyörän
mahtava ääni
Laverda

                JK

Ikosen jengi

Mäkikatu oli lyhyt
pari korttelia

Ja joka pihalla oma jengi

Pahin oli Ikosen jengi
monta veljestä ja nuorin pahin

Pelotti, että joutuisi kohtaamaan ne illalla

Peloteltiin että turpaan tulisi

JK

Tori

70-luvun puolivälissä
tori oli täynnä nuoria viikonloppuisin

Piti ottaa pohjat ränärillä
piti näytellä humalaista
piti tehdä vaikutus

Omasta mielestä se tehtiin noin
poikien mielestä

Ei tyttöjen kanssa paljoa juteltu

JK

Albert Ingmanin haudalla

Syksyn tultua pimentyivät illat
ja torille piti päästä
siellä oli porukkaa

Sankarpuistossa tai ränärillä pohjat
torille horjumaan

Isoveli kavereineen keksi A. Ingmanin haudan

JK

Sokoksen kongi

Porukka siirtyi torilta syksymmällä Sokoksen
kongiin
aivan täynnä porukkaa

farkkuja, pusakoita

JK

KÖÖPENHAMINA – KUOPIO

Fuuga

Kööpenhamina – Kuopio (fuuga)

kävelimme linja-autolta
katsomaan pientä merenneitoa
siinä oli poukama
rikkaiden purjeveneille
peittynyt sinivihreään levään
löyhkäten
kuin savonsellu kuopiossa

pidit suusi edessä takinhihaa
ja meinasit oksentaa
minua nauratti mies
joka oli jahdillaan nauttimassa
laatuajasta
kaiken paskan ne saavat niskoilleen
minkä maailmaan syytävät

tivolissa miehet kulkivat kukkapuutarhassa
ja ottivat toisistaan kuvia
Kuopiossa ne kävelivät
sauvat kädessä torin ympärillä
kuin königin sarjakuvassa
kaljut päät ja ironinen hymy loistaen
toisella punainen anorakki
taskun läppä heilui tuulessa

puhtaan kuvan runo
on yhtä likainen
kuin ajatus
kiinalaisesta lapsesta
joka tekee meille meidän kengät ilmaiseksi
mutta joista me
maksamme niin suuren hinnan
ettei meillä
eikä sillä lapsella
ole varaa siihen
turpa kiinni
pannaan ne laulamaan

meidän hotelli oli sillä rajalla
joka työnsi huoria
ja punaisia kortteleita edessään
huonot hotellit olivat muuttumassa hienoiksi
ilotyttöjä kadun toisen puolen ravintolassa
ja kulman takana

meidän puolelle pysähtyivät ne taksit
joista liikemiehet nousivat
ja ryntäsivät kiireisinä
kelloaan katsoen sisään
mutta ennättivät vilkaista

välkkyvää jänistä
punaista emätintä
joka kertoi
mihin voi käydä tyhjentämässä

et suostunut laitteisiin
vaikka olisin halunnut pyöriä
hurjaa vauhtia kaupungin yllä

linja-autot lähtivät uudesta paikasta
kun viimeksi kävin täällä
menin junalla paikasta toiseen

siellä esikaupungissa
kävelin illalla
pienten piparkakkumökkien välissä
katsoin niihin sisälle
ja kaikissa oli kotoinen tunnelma

minä olin
kuten tavallista
yksin
omien mustien ajatusteni kanssa

katsoin ja haaveilin turvallisuudesta
jonka olin menettänyt niin kauan sitten

etten jaksanut enää muistaa

tanskalaisten tapa syödä juustoa
on omituinen
ja se leikkuukone rautalangasta nerokas
miten ne eivät liho

viime yönä oli talven ensimmäinen pakkanen
auto huurussa
ja nyt sataa taas

uimahallin saunassa istuvat
vanhat miehet
pelkäävät kuolemaa
kehuvat uimaansa matkaa
ja valittavat ruumistaan
joka ei enää jaksa
katsovat haikaillen nuorempia
vessojen ovista otettiin lukot pois

luiden päällä valuva liha
siinä olevat luomet
kuin luodinreiät
ja silmät
joissa hätäinen välke
aina silloin

kun mieleen tulee
että aika on käymässä vähiin
loppumassa

ja ne naiset siinä edessä
tanssilattialla
humalassa
kaatumassa
liikkumassa
omassa päässään
kuin mitään muuta ei olisi
tämä hetki
oman ruumiin liike
liha
lihat
niiden sekoittuva hiki

tyttö asui autossa
siinä kaatolammen vierellä
missä pienen merenneidon koti on
sillä oli roskia ja ruokapusseja sylissään
hento
pelokkaan näköinen
miten paljon meitä maailmaan heitettyjä
miten paljon yksinäisyyttä
pelkoa olla

ja elää

valtiota hävitetään sellaisella vauhdilla
niin kuin tätä kaupunkiakin
ettei kukaan näe mitä siitä seuraa
naiset häviävät siinä eniten
ensin vapautensa
sitten ihmisyytensä
oikeuden määrätä ruumiistaan

siskon luona
on samanlaista kuin meillä lapsena
vaatteita kasoissa kaikkialla
lapset juoksevat huoneesta toiseen
vain se on uutta
se että kaikilla pitää olla oma kännykkä

pieni merenneito
kiven päällä
kirjahyllyssä
lapsuuden kodissani
kuopiossa
ihailin sitä kiiltävää pronssia

kukaan ei osaa ajatella
sitä virtaa

josta kreikkalainen puhui houreissaan

tyttö istui minnan betonikaiteen takana
katkerana suvivirren jälkeen
itkien
elämä ei ollutkaan edessä

me tulimme viimeisestä kirjakaupasta
ajattelin
että lohduttaisin jotenkin
mutta mitä olisin sanonut
tiesin itsekin kaiken sen paskan
jonka läpi on tarvottava

pojat joivat saunassa viinaa
ja puhuivat potkupallosta
kuopiolaisille
se on tapa olla olemassa
kun ei enää ole taloja
joita voi katsella
ja muistella ihmisiä
jotka niissä ovat eläneet

aina voi muistella kentän sankareita
miten he ovat juosseet pallon perässä
maan kartalle

äidin serkku oli tulossa avannolta
lihapiirakka kädessään
sen silmät ovat samanlaiset
kuin minun
isänsä hakkaaman
se oli viemässä äitiään hoitokotiin

kun vanhemmista ei ole kuin lapsiksi
tai ruumiiksi
meille tulee hätä
oman ajan loppumisesta
ja kaikki tapahtuu yhtä aikaa

ostin vaimolle Lundalin kirjan
hirveä teos
muistin miten pelkäsimme
että hänellä on syöpä
kuolema
ja sen ikuinen läsnäolo
vasta kun tietää kuolevansa
sitä ennen
elää ikuisesti

kaikki
mikä on pudonnut sisääni

pysyy siellä
ei suostu tulemaan ulos

ja askeleet
raskaammat
hitaammat
näiden vuosien mittaiset
eivät johda minnekään

vanhat kuvittelevat olevansa nuoria
ja nuoria
vanhat pelottavat
helvettiäkö ne haaveilevat
elämät on eletty
samalla hetkellä kun synnyit
kuolit
ja samalla hetkellä kun kuolet
synnyt uudelleen

joka yö kolmelta
herään
ja alan pelätä
kuolemaa

päivä
valo

poistaa tämän pelon
mutta syvälle syvälle
pitää mennä
että oppii olemaan rauhassa

ja rauha
on lopultakin vain sitä
että unohtaa

ja nämä miehet
vaikenevat
toisiaan auttavat
vievät humalassa käytävään
jättävät kuolemaan

nämä suomalaiset miehet
avuttomat
onnettomat yksinäisyydessään
katkerassa vanhuudessaan
kun ei mitään jaa
niin ei mitään saa

onko sulla viinaa

se oli istunut autossaan
yrittänyt tappaa itsensä häkään

poika oli avannut tallin oven
katsonut sisään
ja kysynyt
mikä sinun isä on

se oli mennyt kaatopaikalle
ja ampunut
itseään haulikolla suuhun

kaikki huijaavat
sanovat ymmärtävänsä
peloissaan hädissään
maailman kanssa
joka menee menojaan

istu siihen
ja ole
muuta et tarvitse

teot turhia
turhia tekoja

ihmiset juoksevat pakoon
haluavat miellyttää
eivät puhu siitä
mikä on

istuin lapsena kuistilla
rappusten päällä
katson kuinka ne murenevat allani

kevät on vain ihmisillä
toivo uudesta ja ikuisesta syntymästä
ajatus
maailma on
kasvaa ja muuttuu
syyttä suotta

me olemme juoppojen miesten kuoripoikia
laulamme laulujamme
että meidät huomattaisiin
sanottaisiin
ole rauhassa
olen isäsi
sinä poikani
en jätä sinua ristille yksin

toinen yhtä tärkeä asia
mikä on vielä tärkeämpi

verkkoidentiteetin työstäminen

kaikki tämä matka
nuoruuden unelman takia
sen
että joku käski sinun hankkia leipäsi
ei olemaan
tekemään mitä haluat
vaan menestymään
kuorella
kuoren kera
kalakukkoa syöden

tyttö
jonka tunsin lapsena
lähetti sähköpostia

muistin kylmän talvi-illan
rannan puiston pulkkamäessä
viiman poskilla
ja lämmön sisällä
kuinka aika karkaa meiltä
kun emme pysy siinä

näitä tapahtuu
tätä tapahtuu
elämän olemisen tila
on syrjäytetty

laitettu tuolin karmille kuivumaan
kuin talvisista saappaista otetut villasukat
harmaat
ja virttyneet

pää menee kasaan
sinne jää musta piste
peite
jota ei saa nostettua

minä
häviän
siihen tilaan

asetu poikkiteloin
katso
ne tarjoavat sinulle sanat suuhun

sylkäise ne äkkiä ulos
kerran puhutut

tästä maailmasta tulee helvetti
kaikki on tiedetty
kaikki tunnettu
jo edeltä käsin

mulla oli nainen
mulla oli nainen
                kultahampainen
se kuoli pois
se kuoli pois

ne yrittävät elää elämäänsä
puhuvat
kuin tietäisivät
eivät osaa asettua
ne ovat minä
ja minun askeleeni
kallaveden rannan
kuivassa hiekassa
männyn muhkuraisten juurten välissä

tuolle selälle
haluan
että tuhkani ripotellaan
JS

VUODET KIRJASTOSSA

Kuvia Kuopion kaupunginkirjastosta

1964

olin pieni
niin pieni
etten vielä yltänyt yksin

hyllyt nousivat siinä huoneessa kattoon asti
täynnä kirjoja
ja rautaportailla kopisevia kenkiä

kuva päässäni
ajalta
jolloin elin vielä ilman kieltä

JS

1968

sitten alkoi ahmiminen
ensin kaupunginkirjastolla
ja haapaniemellä
niiralassa
luimme sarjoja
viisikot
salaisuudet
etsivät
pitkätossut

kirjaston täti sanoi
etten saa ottaa niin monta kirjaa kuin haluan
ja toinen
ettei aikuisten puolelle saa mennä
siellä olevat kirjat olivat meiltä kiellettyjä

ne varmaan pelkäsivät
että lukisin liikaa

luin kuitenkin

JS

Kirjasto

Kävin eka kertaa Kuopion pääkirjastossa
kesällä 1970
kymmenvuotiaana

Se oli hurja kokemus
valtava tummatiilinen talo,
hieno

Ja kirjoja
isoja, värikkäitä kuvakirjoja

Lainaustiskillä isot tädit
eivät antaneet lainaksi parhaita kirjoja
näyttivät jotakin merkkiä takakannessa

Piti kantaa lukusalin kirjat takaisin hyllyyn
olisinkohan jaksanut niitä kotiin asti kantaa

JK

Innostus ja järjestys

Kirjastossa kävivät kaikki
ei ollut oikein muutakaan paikkaa

    Nuoret viettämässä aikaa
    70-luvun alussa sai tupakoida
    sisällä, kirjaston ala-aulassa

Virkailijat pitivät järjestyksessä
ei saanut meluta
kun joku innostui, kävivät huomauttamassa
heitä kyllä varottiin

Vahtimestarit koettivat napata humalaiset
aina ei onnistunut
lastenosaston lukusaliin pääsi joskus joku
nuokkumaan kirjan päälle
ne oli isoja poikia

        JK

1970

kaupunginkirjastoon tuli musiikkiosasto
ensin mentiin pyytämään kuulokkeet
ja sitten käveltiin ympyrään

tuolit olivat kovia
ja pyörivät ympäri
kuulokkeiden kierteinen johto laitettiin
                reikään
ja nappulasta väännettiin ääntä isommaksi

kuuntelimme poikien kanssa lehmälevyä
ja lauloimme sen mukana

saimme porttikiellon
ja tuiman katseen

emme osanneet olla
niin kuin kirjastossa piti

meissä oli liikaa elämää

JS

Musiikkia kuuntelemassa

Kotona ei ollut levysoitinta
kirjastossa kuunneltiin uudet lp-levyt
kun oli täytetty 13 vuotta

Pääkirjaston valtavan aikuistenosaston
keskellä oli ympyräallas
siellä musiikin kuunteluun nojatuoliryhmät

Levyt valittiin kierrekansioon
konekirjoitetuilta listoilta, muovitaskuissa
virkailijalle ilmoitettiin numero ja saatiin
kuulokkeet

Osa ei muistanut kuulokkeet korvilla olla
laulamatta ääneen
virkailija kävi huomauttamassa
nolotti

Välillä levy kuului huonosti
levarin neula irti
olisi pitänyt heti käydä huomauttamassa
virkailijalle

JK

Ei verkkareissa kirjastoon

Keskikoululaisina kävimme ahkerasti
kirjastossa
se oli hieno paikka viettää aikaa

    Istumaryhmissä
    nahkanojatuoleja
    matalia 60-luvun mallia
    paremmat kuin kotona

Tutustuttiin kirjallisuuteenkin
koulussa vaihdettiin kokemuksia

Vähän vanhempi luokkakaveri Heikki kehui
Henry Millerin kirjoja
"Ei ehken kannate männä lukemaan verkkarit
jalassa"

             JK

1985

sain kesätöitä
marja kutsui minua kirjaston intiaaniksi
ja osmo laittoi siivoamaan aikuistenosaston
hyllyt

siirsin kaikki kirjaston kirjat kesän aikana
ja pyyhin märällä luutulla
niistä jääneet muistot

JS

1987

sillä osastolla istuttiin hiljaa
pöydällä oli lappu
mitä piti tehdä päivän aikana

ja kaapissa lyhyitä kynänpätkiä
jotka oli uhrattu kirjastotyölle
ja paperilippuja
joille kirjoitettiin asioita muistiin
että ne saattoi unohtaa
minä leikkelin lehdistä palasia
ja odotin kotiinlähtöä
rannan laineita

JS

1988

kirjaston pikkujouluissa lauloimme
                  tiernapoikia
ja paistoimme pitsaa

Jaakko sanoi
että iske nainen

minä vastasin
iske iske seinään vuorten

JS

1986

se oli joku kesä kahdeksankymmentäluvulla
kari oli kesälomalla
minä kesätöissä
pirjo käski minun tulostaa atk-tarrat kun
                kukaan muu ei osannut
teki minusta hakkerin

samalla osastolla oli töissä ihminen
jolle annoin parinkymmenen vuoden
                päästä potkut

ajat alkoivat muuttua
ja kirjastot
minäkään en ollut enää entiseni

JS

1989

aloin opiskella kirjastonhoitajaksi
ja samalla tein kaikki lomat töitä
            kirjastossa

joululomalla sitten romahdin
kun rahat eivät
riittäneet ruokaan
ja voimat jatkuvaan raatamiseen

tulirokko poltti kasvoni
ja kuumeessa näin ensimmäisen kerran
kuoleman

se istui sängyn vierellä
ja odotti aivan rauhassa
kun menin parannuttuani takaisin töihin

                    JS

1989

istuimme kirjaston neuvonnassa
ja minä revin taas jonkin tärkeän paperin
joka olisi pitänyt säilyttää
sitä varten
että se unohtuisi

meitä alkoi naurattaa
kun maakuntaosaston naiset
laittoivat pojan hakemaan
roskasankoon arkistoimaani silppua

JS

1985

lainaustiskin toini ja elsa
opettivat minulle kirjastotyöstä
kaiken mitä tarvitsin

he sanoivat
että työssä pitää olla iloinen
ja nauraa paljon
ja että kahvitauolle pitää päästä ajoissa

ja kyllä me nauroimmekin

mutta kahvia he
eivät saaneet minua juomaan

JS

1990

menin vanhan johtajan luokse

se lupasi minulle tulevaisuuden jota en
halunnut

jätin tämän kirjaston taakseni
ja otin vaimon mukaan
uuteen elämään

JS

1972

minä muistan ikuisesti sen tuoksun
kun kylmästä ulkoilmasta
astuin sisälle kirjojen pariin

välitunnilla
tai koulupäivän jälkeen

ja rauhan
joka valtasi
kun istui tuolille
ja alkoi lukea

siirtyi toiseen maailmaan
ja jäi sinne asumaan
kuin kotiinsa

JS

Velj'mies evakossa - 2013
Valitusruno nro 1

Kuopion toria on nyt remontoitu monta
vuotta
eteläpääty tyhjennettiin parkkihallin kuopan
alta

Velj'mies vietiin evakkoon
salaiseen paikkaan

Torin varrella Saastamoisen laatta katselee
työtä
suunnitteleeko Velj'miehelle matkaa
sukuloimaan

Saastamoisen kokoelmat ovat jo
kilometrin päässä Velj'miehen veljestä

JK

Kadotettu Velj'mies - kevät 2013
Valitusruno nro 2

Pelkään että Velj'mies ei enää palaa

Kuopion tori on paketissa
Velj'mies kateissa

Siirretty remontin tieltä
salaiseen paikkaan

Epäilen salaliittoa

Velj'mies aiotaan varastaa
vietiinhän taidekokoelmakin

Espoossa
kivenheiton päässä Velj'miehen veljestä

Ja veljellä morsian
saatana

JK

Poika kotiin - 2015

Mökille vapuksi
illalla pimeää ja lumimyrsky
aallot keikuttavat venettä
onneksi emäntä soutaa

Aattona aurinko paistaa
honkien pohjoissivulla
lumivana koko pituudelta

Lumi tippuu mökkien katoille
kolinaa eri puolilta saarta

Kuunnellaan radiota
vappuaatto ja lakitus

Viiden vuoden jälkeen
Velj'mies saa lakin

Poika on palannut kotiin
luulin että se oli honittu

Onnen kyyneleet valuvat poskillani

JK

Velj'mies ja sen velj'

Patsaat: Heikki Konttinen (1910-1988),Velj'mies (pronssi, 1959, Kuopion tori), Morsian (pronssi, 1983, Espoon Tapiola)

Kuopion tori

Savonia-kilpaveli kertoi
Kuopion torin muistuttavan venäläistä
lentokenttää

Ja savolaisten ameriikassa
tori muistuttaa venäläisten leikkikenttää

JK

Maljapuro – elämän virta

Maljapuro,
elämän virta

Liekö siellä mitään

Asfalttikannen alle viemäröitynä
melkein puolet elämästään

Kahden hautausmaan välistä
maalaiskunnan ja kaapunnin

Siitäkö Vinski kalasteli nahkiaisia

Minä asuin sen varrella

Ja edelleen Minna vartioi

JK

Maljapuro – kulttuurin virta

Saarijärvi, Inkilä, Puijo,
Pappila, Tikkula, Seilanen, Multi

Seitsemän kukkulan välissä kiertää
Kuopion tiber

Rannoilla menneen kulttuurin muistomerkit
ent. Speden kotitalo,
aiottu Speden muistomerkki,
esitetty Speden nimikkopuisto

Alavirran kuohuille selkänsä kääntänyt Minna
jämeränä vahtii Maljapuron yliopistoa

Apukoulu nimetty aikaa ennen korkeakoulua

JK

Pete - syntymäpäivä

Mä vihaan kaikkee
Mä en vihaa mitään muuta niin paljoo ku
kaikkee

Kehitteli edesmennyt nuoruuden kaveri
punkin soidessa

Hyvä kuopiolainen
kuoli ennen nelikymppisiä

Ja meikälle taas uusi numero tauluun

Muistan ja unohdan
Muistan menneitä, kavereita
Unohdan

Vuosi vuodelta yhä enemmän unohdettavaa

JK

Mursu - kulmilla

Sovittiin tapaavamme
kulmilla

Ei tarvinnut tarkentaa
läheinen kadunkulma, yleensä Suokadun ja
Haapaniemenkadun

Mursu tuli juosten sovitun ajan jälkeen
kahvit kestivät vanhempien kanssa

JK

Uudet nahkahanskat - Kuopion tori 2014

Tehtiin asiaa torille
piti ostaa nahkahanskat

Keli pakkasella
oli melkein lumi maassa
lokakuuta

Torilla kyyhöttämässä muutama koju
sivuilta peitteillä suojattuja

Sen kojun kattoa reunusti rivi alushousuja,
pitkiä villaisia
pujottelimme katoksen hämärään

Kauppias kahvimuki kädessä
innostui esittelemään hanskoja
oli nahkaa, oli karvaa

Pitkäkarvaiset sopivat talveen
on syytä hanskoissa olla reilut varret
verkkoja nostaessa avannosta

Parhaat olisivat hylkeennahkaiset
vettä hylkivät

"Saimaan kuuttia" kuului myyntipuhe

En uskaltanut ostaa
ajattelin
että Helsingissä herättäisivät huomiota

Kaupat tehtiin siannahkaisista

JK

Korppi 2015

Sinisenharmaat pilvet
painavat taivasta
tammikuun leuto suoja

Saareen näkyvät
kaupungin valot
jäätie tuo saunan rantaan

Kova tuuli
ajaa lumisadetta
korppi liitelee

Korpin kraakuna
korppi kaupungissa

Keskikoulussa luettiin
Rautatietä
kuvitettu painos, grafiikkaa

Kuvissa talvi oli kalsea
painostavat pilvet, harmaus
linnut jäällä

JK

TEKIJÄT

Jaakko Korpisaari (s. 1960), fil. maist. Tampereen yliopistosta. Hän on toiminut kirjastonhoitajana Kuopiossa ja on parhaillaan asiamiehenä ammattijärjestössä. Asuinpaikka Itä-Pasila, Helsinki.

Jarmo Saarti (s. 1960), fil. maist. Jyväskylän yliopistosta ja fil. tri Oulun ja Jyväskylän yliopistoista. Hän on toiminut erilaisissa kirjastoalan tehtävissä; parhaillaan Itä-Suomen yliopiston kirjaston johtajana. Asuinpaikka Niirala, Kuopio.

He kirjoittivat ylioppilaaksi vuonna 1979, silloisesta Kuopion yhteiskoulusta, samalta luokalta. Tuossa koulussa alkoivat myös heidän yhteiset taideharrastuksensa.

Aikaisemmin ilmestynyt:

Jaakko Korpisaari & Jarmo Saarti: Runo matkalla, KorpiSaarti, 2011.